LÍRICA GREGA, HOJE

Coleção Signos
Dirigida por Augusto de Campos

Supervisão editorial: J. Guinsburg
Edição de texto: Luiz Henrique Soares e Elen Durando
Revisão de provas: Luiz Henrique Soares e Lia N. Marques
Projeto gráfico e capa: Sergio Kon
Produção: Ricardo W. Neves, Sergio Kon e Lia N. Marques

LÍRICA GREGA, HOJE

TRAJANO VIEIRA

Dados Internacionais de Catalogação na Publicação (CIP)
(Câmara Brasileira do Livro, SP, Brasil)

V716L

Vieira, Trajano
 Liríca grega, hoje / Trajano Vieira. -- 1. ed. -- São Paulo : Perspectiva, 2017.
 120 p. ; 21 cm. (Signos ; 57)

 ISBN 978-85-273-1096-3

 1. Poesia grega - História e crítica . 1. Vieira, Trajano. II. Título III. Série.

17-40377   CDD: 884
                             CDU: 821.14'02-1

14/03/2017   15/03/2017

1ª edição

Direitos reservados à

EDITORA PERSPECTIVA LTDA.

Av. Brigadeiro Luís Antônio, 3025
01401-000 São Paulo SP Brasil
Telefax: (11) 3885-8388

www.editoraperspectiva.com.br

2017

SUMÁRIO

Introdução   9

Arquíloco
(Paros, c. 680-640 a.C.)   31

Semônides
(Amorgos, ativo em meados do século VII a.C.)   45

Mimnermo
(Colofão ou Esmirna, 630-600 a.C.)   53

Álcman
(Esparta, ativo em meados de 620 a.C.)   57

Alceu
(Mitilene, c. 630-580 a.C.)   63

Safo
(Mitilene, c. 630-580 a.C.)   71

Estesícoro
(Himera, c. 632-556 a.C.)   95

Íbico
(Régio, ativo em 550 a.C.)   99

Anacreonte
(Teos, ativo em 550 a.C.)   101

Hipônax
(Éfeso, ativo em meados do século VI a.C.)   109

Simônides
(Ceos, 556-468 a.C.)   113

INTRODUÇÃO

M EU INTERESSE POR LITERATURA GREGA COMEÇOU A PARTIR DO contato com a poesia de Safo. Foi despertado há quarenta anos, quando eu contava dezessete, numa aula memorável de Francisco Achcar. Lembro-me perfeitamente de sua oralização de dois fragmentos da poeta de Lesbos, traduzidos por Haroldo de Campos e incluídos no apêndice do *Abc da Literatura*[1] de Ezra Pound. Ainda hoje, ao relê-los, considero-os primorosos por captarem o que há de mais particular em Safo: o deleite do estado contemplativo, a precisão verbal na configuração do instante, que lembra, de algum modo, um haicai, a atmosfera dramática do ritual, a sutileza da dicção. Cito-os:

---

[1] Tradução de Augusto de Campos e José Paulo Paes. São Paulo: Cultrix, 1970, p. 165.

em torno a Selene esplêndida
os astros
recolhem sua forma lúcida
quando plena ela mais resplende
alta
argêntea

★ ★

morto o doce Adônis
e agora,
Citeréia,
o que nos resta?
Lacerai os seios,
donzelas,
dilacerai as túnicas.

Se um calouro de graduação me pedisse indicação de traduções de Safo para o português, seriam essas as que eu sugeriria. Os anos se passaram, aprofundei-me nos estudos clássicos, e minha admiração por elas permanece a mesma. Mas há outra questão que não tem a ver propriamente com a qualidade literária. Refiro-me ao fato de, salvo engano meu, para os leitores que apreciam poesia, pouquíssimas traduções poéticas dos líricos gregos terem sido publicadas desde então entre nós. Os estudos acadêmicos avançaram no Brasil nessa área, mas dá para contar nos dedos de uma das mãos as traduções dos líricos gregos que poderiam ser indicadas a alguém que, ignorando o idioma, quisesse ter experiência literária de autores como Safo, Alceu ou Arquíloco. As traduções acadêmicas são normalmente pesadas. Sempre penso na situação do aluno hipotético que teria todo o direito de se colocar a seguinte questão: "Por que ler autores tão tediosos?"

A quase inexistência de bons tradutores de poesia grega entre nós deve ter alguma explicação. Uma delas talvez tenha sido dada indiretamente por William Arrowsmith, raro intelectual no campo das letras clássicas, com produção vasta e diversificada: helenista titulado em Princeton e Oxford, foi também poeta, ensaísta (autor de um livro instigante sobre Michelangelo Antonioni), tradutor de Petrônio (*Satiricon*), de Eugenio Montale (poesia completa), do teatro grego (*Aves*, *Nuvens*, *Alcestis*, *Ciclope*, *Héracles*, *Orestes*, *Hécuba*, *Bacantes*). Editou revista de inspiração poundiana (*Hudson Review*), de estudos clássicos (*Arion*) e foi idealizador da notável coleção *The Greek Tragedy in New Translations* (Oxford), cuja proposta é a tradução criativa do teatro grego. Num ensaio em que destaca a modernidade da Eurípides, ele apresenta a seguinte hipótese para o fato de os especialistas deixarem de lado aspectos centrais da poética do dramaturgo: "classicistas têm sido tradicionalmente – e ainda continuam a ser – hostis ou indiferentes à crítica literária. Por essa razão muito raramente fazem o tipo de pergunta que poderia levá-los à resposta literária"[2].

Essa crítica pode ser tranferida para o universo da tradução. Os comentários se multiplicam e, com eles, as traduções literais. O problema maior é que nem sempre é clara a consciência dos acadêmicos sobre o valor limitado desse tipo de versão. Pelo contrário, parecem acreditar que, apegando-se ao sentido oferecido pelos dicionários, preservam o original. Se não me engano, Haroldo de Campos chamou isso de "ilusão da literariedade". Nesse gênero de tradução, o profissional não se arrisca, preferindo entregar-se às noções aprendidas nas aulas de língua. Vivemos numa época de proliferação exponencial de exegeses, de rodapés recheados de referêcias de referências, cuja confecção foi facilitada pelos comandos "inserir" e "nota de rodapé" dos processadores de texto. Muitas vezes o helenista coloca seu comentário acima do texto sobre o qual se debruça incansavelmente. As análises filológicas raramente discutem o valor

---

2   "A Greek Theater of Ideas", *Arion* 3 (1963), pp. 52-3.

estético de um poema. Podemos ler páginas e páginas de interpretação, ao final das quais continuamos sem saber se o texto em pauta é ruim ou bom. É nesse sentido que o comentário de Arrowsmith me parece pertinente. Há como que uma máquina de produção em funcionamento e a discussão sobre minúcias cada vez mais minudentes parece desencadear certo deleite profissional. Não se trata de negar o valor de uma longa tradição analítica, mas de apontar suas limitações. Mais do que nunca soa atual a anedota envolvendo Ezra Pound que, ao devolver a seu autor um alentado estudo sobre Virgílio, arrematou: "Molto bello ma non funziona". O mesmo Pound, no final da vida, fez o seguinte comentário, depois de ouvir uma exposição sobre a estrutura formular da poesia homérica:"isso não explica por que Homero é melhor do que qualquer outro"[3].

As traduções que apresento a seguir procuram oferecer ao leitor que ignora o grego um gosto do original. Minha atenção, portanto, esteve voltada sobretudo à forma da linguagem. Não tenho a pretensão de avaliar os resultados que atingi, mas creio que pelo menos a atitude do tradutor deva ser levada em conta. Ao

---

3 Cf. Hugh Kenner em "Pound and Homer", incluído em *Ezra Pound Among the Poets*, editado por George Bornstein, The University of Chicago Press, 1985, p. 11.

realizar o trabalho, tive em mente o leitor que, como eu, convive com poesia. Aliás, a palavra trabalho não é a mais adequada. Preparar esta antologia não me deu, como se costuma dizer, trabalho nenhum. Pelo contrário: como sabem meus alunos, mesmo diante de uma rotina acadêmica cada dia mais massacrante pela esterilidade burocrática, continuo a resistir a entregar o prazer das atividades que exerço à contabilidade de linhas curriculares em plataformas de bancos de dados. A tradução de poesia deve relevar o prazer estético do leitor, o prazer despertado pelo jogo das palavras. Se o resultado é bem sucedido ou não são outros quinhentos, mas o projeto deve contar, fazer alguma diferença. Se pelo menos esse gesto tradutório for reconhecido pelo leitor das páginas que seguem me darei por satisfeito.

Desde Homero (século VIII a.C.) até o apogeu da sofística e da filosofia em Atenas (século V a.C.), a cultura grega foi predominantemente oral. Mais do que isso, durante pelo menos três séculos, a poesia ocupou lugar central na Grécia. Ocorre que boa parte da produção poética chegou até nós por intermédio dos alexandrinos (séculos IV-III a.C.), que já não possuíam conhecimento da música em que se fundamentava a poesia mélica (de *mélos*, "melodia", "música"; "lírica" é designação tardia dos alexandrinos). Além da perda integral da música dos mélicos, outro ponto a ser considerado é que toda poesia grega foi transmitida oralmente e esteve relacionada a um acontecimento público ou privado específico. Helenistas recorrem ao termo *performance* para definir esse acontecimento. A performance indica o envolvimento do ouvinte com quem executa a poesia cantada e uma situação cultural particular, dependendo do âmbito a que esteve vinculada: poesia simposial (executada entre convivas, no ambiente privado), poesia de caráter cultual (festividades de matrimônio, por exemplo), poesia de caráter religioso, entre outros. Parte dos estudos recentes procura definir o estatuto do "eu lírico" dessa produção, considerando a situação do poeta que conhece de antemão o público a que se dirige. O sucesso de sua apresentação decorre de ele conhecer sua plateia e do fato de boa parte do material com que trabalha ser convencional, isto é, pertencer à tradição.

Não apenas o repertório mitológico era de conhecimento geral, mas o poético, sedimentado sobretudo em Homero e em Hesíodo. A reelaboração desses temas num determinado âmbito define de certo modo o estatuto do poeta mélico, que constrói seu horizonte entre duas balizas: por um lado, o registro elevado exigido pelo contexto de cerimônias, e, por outro, o tom muitas vezes desabrido, propiciado por reuniões informais. A poesia jâmbica, por exemplo – designação que deriva do ritmo nela predominante –, está diretamente ligada ao escárnio e à derrisão. Observe-se a importância do ritmo na definição do que poderia ser considerado um subgênero da mélica: a designação da poesia baseia-se em sua cadência (o jambo identifica o "pé" constituído de uma sílaba breve seguida de uma longa).

Um aspecto que chama a atenção em alguns dos poemas aqui traduzidos é o registro coloquial. Às vezes, temos a impressão de estar diante de precursores da linhagem coloquial-irônica de Corbière ou de Laforgue. Leia-se, por exemplo, o seguinte poema de Anacreonte sobre um tal de Artemosão:

> Portava habitualmente um barrete sórdido,
> um gorro de tamanho mínimo,
> pingentes de madeira iguais a dados,
> uns couros de boi sem curtume grudados às costelas,
> asquerosa coberta de escudo nauseabundo.
> Do círculo de putas topatudo e de padeiras,
> ó rebotalho Artemosão,
> dizias "Eureca!" à vida de trambique.
> Frequentes vezes punham no cepo seu pescoço,

com não menor frequência pregavam-no à roda,
quando não açoitavam seu costado,
ou faziam, à unha, cabelo e barba.
Ultimamente, o filho de Cici só quer saber de andar de coche,
com brincos auriofúlgidos,
sob a sombrinha de marfim elefantino,
uma mocinha, sem tirar nem pôr.

Não seria incorrer em grave impropriedade aproximá-lo, por exemplo, de *Rapsodie du sourd* de Corbière, de que cito uma estrofe na tradução de Augusto de Campos[4]:

Boné de lã cinzento na alma soterrada,
E – coice de asno, enfim! – uma pobre coitada,
Vendedora ambulante, egressa da Paixão,
Pode vir babujar de santa compaixão
Minha *trompa-de-Eustáquio*, aos gritos, que eu me calo
Sem ao menos poder lhe pisar sobre um calo!

Na mesma direção, compare-se o seguinte poema de Arquíloco com o de Catulo, de que cito a seguir o começo, na tradução de Haroldo de Campos:

---

4 *Verso, reverso, controverso*, São Paulo: Perspectiva, 1978, p. 223-227.

Bebendo até cair do vinho cristalino,
vieste sem comparecer com um tostão
e sem convite, como é praxe entre amigos.
Teu ventre te traiu e na vergonha
jogou teu pundonor e teu bom-senso.

Catulo[5]:

Vais jantar bem, Fábulo, em minha casa
qualquer noite destas.
Basta que tragas o favor dos deuses
e ainda
o "couvert", o assado, o vinho, muito sal,
uma companheira enxuta
e uma reserva de risadas.
Nessa base, vais jantar bem:
a bolsa do teu Catulo está cheia
de teias de aranha.
...

Há outros que fazem pensar em T.S. Eliot, pelo aspecto descritivo e pela concentração emocional retida na memória, como o seguinte poema de Alceu:

---

5   *Crisantempo: No Espaço Curvo Nasce um*, São Paulo: Perspectiva, 1998, p. 201.

Na sala enorme, o bronze ofusca.
Num adorno de luz, lampeja no hipostilo a profusão
   de elmos,
que a Ares se dedicam.
Crinas brancas tremulam das cimeiras,
que a cabeça de heróis engalanam.
O fulgor circunjazente das cnêmides de bronze
oculta os arrebites:
frustram flechas espessas.
Empilham-se no pavimento corseletes de linho
   recém-tecidos
e égides oblongas.
Não distam lâminas oriundas da Calcídia
e cintos e túnicas.
Eis algo que não se apaga da memória
desde o início de nossa investida...

Outro texto que merece destaque pela estrutura anelar (retomada, nos versos finais, da abertura), pela economia verbal, pelo uso original de referência épica (Helena, símbolo já da paixão incontornável), alusão que desencadeia recordações que mesclam afetividade e melancolia, tão típicas de Safo, é o seguinte:

Há quem alegue que a gala dos cavalariços,
há quem alegue que a infantaria e os navios
são o ápice da beleza sobre a terra que negreja.
Quanto a mim, afirmo ser o que se ama.

Não creio haver dificuldade em fazer-me entender
a toda e qualquer pessoa. Ela, referência
em beleza em todos os quadrantes,
abandonou o consorte, exemplo de excelência,

e navegou até Troia: Helena.
Nem a filha, nem os pais, que lhe eram caros,
ocupavam sua memória,
mas Amor a conduziu por senda paralela...
em sua levitude...

e me trouxe o recordo de Anactória,
ausente de minhas cercanias.

Amaria vislumbrar sua erótica passada,
o fulgor (verdadeira lâmpada!) em seu rosto,
muito mais do que os coches lídios
e seus hoplitas no avanço por terra.

 O cânone dos nove poetas líricos foi definido pelos alexandrinos na Biblioteca, durante o século III a.C., quase três séculos depois do primeiro poeta da plêiade inserido nesta antologia, Álcman (620 a.C.). Dos nove, não incluí Baquílides e Píndaro, autores de odes corais. Os outros sete são: Álcman, Alceu, Safo, Estesícoro, Íbico, Anacreonte, Simônides. Considerei oportuno verter também alguns poemas de outros quatro autores do mesmo período, por sua alta qualidade: Arquíloco, Hipônax, Semônides (representantes da chamada poesia jâmbica) e Mimnermo (poeta elegíaco).

Como observei, já no período alexandrino, a partir do qual nos chegou o registro escrito dessas obras, o desconhecimento das notações musicais e do contexto em que os poemas foram apresentados era total. Restaram-nos os textos, na maior parte fragmentados ou estilhaçados. Helenistas procuram reconfigurar algo do contexto oral em que foram apresentados, elaborando hipóteses sobre sua recepção. Trata-se de uma produção composta para uma ocasião única. Ela pode ter sido memorizada e reoralizada em outros momentos, mas, por um lado, não existe certeza sobre isso, e, por outro, não era concebida tendo em vista sua reprodução posterior. A emergência musical, performática, guarda alguma semelhança, como já se notou, com a própria dinâmica do rito, que tem a ver com a reatualização do material mitológico num contexto e numa data específicos. A consciência de que a obra dependia de sua realização num momento confere aura de fugacidade a essa produção. Talvez seja dessa consciência que decorra a alusão tão frequente na mélica à fugacidade do tempo na experiência humana. O tema do tempo irreversível e da brevidade da vida reflete de algum modo a condição do poeta mélico. Não só a importância de vivenciar a plenitude do presente é assunto recorrente nesses autores, como outro, que lhe é afim: a noção de perda, a melancolia diante do que já é passado, seja uma relação afetiva, seja o vigor do próprio corpo. Será difícil encontrar na tradição literária ocidental número tão elevado de poemas voltados para o drama da velhice. Do mesmo modo, será difícil encontrar poesia que apresente com tanta lucidez os prazeres do amor, do convívio e da amizade.

À guisa de conclusão, mais algumas palavras sobre os textos e os poetas aqui incluídos. O leitor notará, pelas numerosas reticências, o estado precário dos poemas que chegaram até nós. Essas lacunas assemelham-se aos membros ausentes das estátuas gregas: mais aguçam nossa imaginação do que inviabilizam nossa apreciação. Lamentamos o pouco que restou, mas esse pouco preserva-se íntegro em seu sentido. Rilke caracterizou com rara beleza essa situação, no conhecido soneto traduzido admiravelmente por Manuel Bandeira, "Torso Arcaico de Apolo"[6]:

> Não sabemos como era a cabeça, que falta,
> De pupilas amadurecidas, porém
> O torso arde ainda como um candelabro e tem,
> Só que meio apagada, a luz do olhar, que salta
>
> E brilha. Se não fosse assim, a curva rara
> Do peito não deslumbraria, nem achar
> Caminho poderia um sorriso e baixar
> Da anca suave ao centro onde o sexo se alteara.
>
> Não fosse assim, seria essa estátua uma mera
> Pedra, um desfigurado mármore, e nem já
> Resplandecera mais como pele de fera.
>
> Seus limites não transporia desmedida
> Como uma estrela; por ali ponto não há
> Que não te mire. Força é mudares de vida.

Os dados biográficos dos autores que compõem esta antologia são também extremamente parcos. Muitas

---

[6] *Estrela da Vida Inteira: Poesia Reunida*, Rio de Janeiro: José Olympio, 1966, p. 395.

vezes, concernem apenas ao local de nascimento. Hipóteses continuam a proliferar entre os *scholars*, que procuram identificar aspectos biográficos a partir de passagens literárias. O caso de Safo é exemplar, por tudo o que a poeta de Lesbos evoca no imaginário ocidental. Encabeçaria ela uma espécie de confraria feminina? Seria figura de proa no ambiente de formação de moças da elite em Mitilene? São indagações que provavelmente continuarão sem resposta e que pouco ou nada interferem na apreciação textual. Na verdade, esse tipo de questão começa com Homero. Desconhecemos praticamente tudo sobre o autor e alguns helenistas continuam a afirmar, ainda hoje, que ele sequer existiu. Em que esse fato prejudica nossa compreensão da *Ilíada* ou da *Odisseia*? Em nada, provavelmente. É verdade que as duas obras épicas se preservaram ao longo do tempo, ao contrário da mélica. Mas, como se costuma dizer, a realidade se impõe. Pensemos de outro ângulo, que talvez ajude a aliviar nossa crise de abstinência: consideremos a hipótese de que poemas perdidos não estivessem à altura dos fragmentos supérstites. Cito o caso de Safo: recentemente foi descoberto um poema integral em que a poeta fala do irmão ausente, como se lerá a seguir. Cáraxon não se encontra em Lesbos, por causa de alguma querela jurídica. O texto exprime a tensão emocional do "eu lírico" diante da falta do irmão. Numa obra coletiva publicada há pouco, procurou-se elucidar o contexto em que o poema foi composto[7]. Sem negar a importância das hipóteses formuladas no volume, permito-me externar uma opinião de leitor e tradutor: não considero que tenha a mesma tensão verbal de outros textos de Safo. Parece-me frouxo num ou noutro verso. Não é um mau poema, mas não me parece à altura de tantos outros. Se estou ou não cometendo uma grande injustiça com a extraordinária escritora, deixo para o leitor decidir, mas, se estiver certo em minha apreciação, esse exemplo pode servir de alento diante do pouco que restou da mélica grega.

Sabemos que boa parte dos poetas mélicos viajou e apresentou suas obras em cidades e ambientes diferentes. Alguns, como Alceu e Arquíloco, além de poetas, desempenharam atividade militar. Contextualizar a produção é sem dúvida importante para conseguir configurar, ainda que na forma de um mosaico, aspectos relevantes da cultura grega. Não só: como observei antes, é possível buscar na dicção dos poemas elementos da conjuntura a que eles se vincularam: ligação com um

---

[7] Anton Bierl; André Lardinois (eds.), *The Newest Sappho: P. Sapph. Obbink and P. Gc inv. 105, frs. 1-4, Studies in Archaic and Classical Greek Song, v. 2*, London/Boston: Brill, 2016.

certo governante, situação de uma determinada festividade etc. Trata-se de uma leitura, como se diria no passado, de caráter diacrônico, que busca delinear gêneros e subgêneros da mélica. Novamente, me permito observar que a leitura que esse tipo de estudo propicia é de grande interesse, mas não a única possível. Confesso minha ignorância de aspectos fundamentais da tradição provençal, mas não canso de admirar a poesia do período, no original ou nas traduções insuperáveis de Augusto de Campos.

"O poema me parece uma unidade emocional...", eis como reagiu Ezra Pound, em 1924, a uma resenha que criticava *The Waste Land* por suas obscuridades, publicado inicialmente sem notas em *The Criterion* e *Dial*, em 1922 (esse episódio é lembrado por Hugh Kenner em *The Invisible Poet: T. S. Eliot*[8]). Como se sabe, Pound foi de certo modo coautor do poema de Eliot. As sugestões que fez de cortes, mudanças de posição de passagens e revisões foram, na maior parte, acolhidas por Eliot, que lhe dedicou a obra, com a famosa epígrafe de Dante. A frase de Pound que cito acima é acompanhada do seguinte comentário do poeta: "Quanto ao resto, eu vi o poema datilografado, e só vi as notas seis ou oito

---

8   New York: The Citadel, 1964, p. 150-152, que incluem as referidas alusões a Pound.

meses depois, e elas não acrescentaram um átomo ao meu prazer do poema." De minha parte, me darei por satisfeito se os textos que compõem a coletânea transmitirem algo do sabor presente nos originais. Foi essa, como se costuma repetir hoje em dia no ambiente acadêmico, a proposta de meu trabalho.[9]

Para concluir, numa retomada do início deste prefácio, lançando mão do recurso da "composição anelar" a que me referi acima, esclareço o título da antologia: "Lírica grega, hoje". Trata-se, na verdade, de uma homenagem a dois amigos aos quais devo muito: Haroldo de Campos e Francisco Achcar. Francisco foi o primeiro professor de grego do Haroldo, há cinquenta anos atrás; eu, o segundo, há vinte. Haroldo convidara o Francisco para lhe ministrar aulas em função da tradução de uma ode pindárica que pretendia fazer. Esse trabalho foi originalmente publicado no Suplemento Literário de *O Estado de São Paulo*, em 1967, e incluído posteriormente em *A Arte no Horizonte do Provável* (Perspectiva, 1969). Como sabem meus alunos, aos quais não canso de manifestar minha opinião, considero essa tradução prodigiosa. Desconheço outra que se lhe equipare, em português ou

---

[9] Ao leitor interessado em conhecer diferentes perspectivas da análise, remeto-o aos percucientes comentários de Giuliana Ragusa, incluídos em *Lira Grega – Antologia de Poesia Arcaica*, São Paulo: Hedra, 2013.

em outro idioma. Haroldo intitulou sua publicação "Píndaro, hoje". Foi em memória de Haroldo e Francisco que escolhi o título deste trabalho, sem ter obviamente a pretensão de equiparar o que realizei com o resultado alcançado por Haroldo. Para mim é o registro do prazer da amizade com os dois, que se prolongou por anos. E o prazer do convívio é, como se sabe, um dos temas centrais da lírica grega. Não será descabido, pois, recorrer, neste desfecho, a uma passagem do Píndaro haroldiano:

> Guarda em beleza a flor do teu caráter.
> Se amas sempre ouvir o que é doce de ouvir,
> não te canses de ser generoso:
> como o bom piloto, livra a vela ao vento.
> Amigo, não te iluda a isca do lucro fácil.
> Aos oradores e poetas
> somente o renome além-morte ressoando
> revela os fatos dos que foram.

ARQUÍLOCO
(Paros, c. 680-640 a.C.)

Nada é espantoso, inesperado ou impossível,
desde que Zeus, procriador da estirpe olímpica,
fez noite ao meio-dia ao ocultar a lâmpada
do sol. E o úmido temor domou os homens.
E tudo então tornou-se crível e possível.
Ninguém fique espantado caso aviste feras
trocando com delfins o páramo marinho
e as ôndulas ecoantes tenham mais valor
que o continente, e o bosque agrade aos delfins.

★   Coração, coração, turbado pela dor
incontornável, reage! Arroja o peito contra
o inimigo: estático, na expectativa
do ataque. Se venceres, nada de exultar
aos quatro ventos. Nada de gemer em casa,
se perdes. Goza do que apraz, modera a dor
no revés! Sabe o ritmo que domina os vivos!

★   Nenhum festim há de alegrar alguém na pólis,
Péricles. Pesa o luto nos que choram. Ondas
do mar polissonoro os engoliram. Dores
também nossos pulmões intumesceram. Fármaco
com o poder da paciência, amigo, os deuses
nos deram contra a perda amarga que alcança
equilibradamente a todos. O cruor
da chaga, outros o lamentarão, tal qual
nós lamentamos hoje. Vai, recobra o ânimo,
chega de alimentar angústias femininas!

★   [...] Eu respondi:
"Não te incomodes, dama, com a fama ruim
das gentes. Quanto a mim, me ocuparei tão só
do que vai pela noite. Guarda a amável ânima!
Crês que eu cheguei ao ponto extremo da penúria?
Sei que na tua visão não passo de homem reles,
não quem sou por mim mesmo, nem quem sou de berço.
Mas sei retribuir amor com mais amor,
e odiar quem me odeia, uma formiga
do mal. Só há verdade em minhas palavras.
Esta cidade pela qual tu vais e voltas,
homem nenhum jamais a saqueou, e tu
a tomas com a lança, angariando fama.
Senhora dela, sê sua tirana. Não
há de faltar pessoas roendo-se de inveja."

★   Vai! Pega a taça e entre os bancos do navio
avança! Tira a tampa da bojuda ânfora!
Depõe o vinho rúbeo até que venha a borra,
pois não é boa ideia montar guarda sóbrio.

★   Não me interessa lhufas Giges com seus ouros,
jamais fui vítima de invídia. Coisas divas,
tampouco as quero, nem morro de amor por grão
tirano: o meu olhar, o fixo em outros ângulos.

★   Repara, Glauco: ondas turvam os baixios
do mar. A nuvem para sobre o pico em Giro.
Sinal de temporal. O medo improvisa.

★   Pouco me apraz um general de passos largos,
nem o supimpa de madeixas barbeado,
prefiro o tipo miúdo com as pernas curvas
que enche o coração e pisa forte o chão.

★   Não há um ser sequer merecedor de loas
e consideração depois que jaz. Viventes,
dos vivos nós buscamos o favor.
Ao morto sempre se reserva o pior.

34

★ Aprazia ao reter
o ramo de mirto
e a bela flor da rosa...
Os cabelos sombreavam
úmeros e ombros.

★ Cabelos e seu eflúvio de mirra
e o colo
eram tais,
que um velho, até a ele
erotizavam.

★ Jazo em desgraça em meu querer,
exânime:
a dor da angústia me perfura a ossatura.
Os deuses sentenciam.

★   Um saio deve estar cheio de si com a égide
que pertenceu a mim. Era salvar a pele
ou jogá-la na moita. Mas não sou nostálgico:
esteja onde estiver, terei outra melhor!

★   Meu caro Licambe, soam-me estranhas tuas palavras.
Quem roubou teu bom senso,
outrora tão irremovível?
Risadas, uma profusão de risadas
os moradores da urbe te reservam neste exato instante.

★   Aos deuses, tudo é rotineiro. Amiúde aprumam
o homem prostrado sobre a terra negra, amiúde
derrubam contra o chão alguém que progredia,
e os males se acumulam: por sua avidez
de vida, vaga sem domar o próprio espírito.

★ Os arcos perdem a tensão, as catapultas
rareiam, quando Ares arma a guerra prado
adentro. É obra da multilutuosa espada.
E nesse gênero de guerra são hegêmones
os déspotas de Eubeia, lancirrenomados.

★ Como o dorso de um asno se ergue a ilha.
Recobre-a a selva tosca. Seu espaço
é sem beleza, sem prazer, sem charme,
avesso ao que se encontra em rios de Síris.

★ Não mais a flor do viço em tua pele,
o sulco aberto em aridez,
do horror da senectude predomina...
longínquo o querer aprazível de um rosto desejado:
sucedem-se no teu abate
os ventos invernais da tempestade.

★ Pois tal erótica do amor
   num rolar coração abaixo
   versou no olhar o acúmulo de névoa
   roubando-me do peito a ânima indolente.

★ Só uma coisa Cápus ama de paixão:
   o ferro. O resto é léria, exceto o pau ereto
   a se mover pelos recessos de seus glúteos.
   Seu olhar se derrete em direção do amante
   até o momento em que, no espeto, atinge o zênite.
   Missão cumprida, dá adeus a seu querido
   e vai atrás de cobridores mais dotados.
   Que morra, Zeus, e nunca mais reviva, a raça
   sem afeição e sem palavra dos passivos.

★   A mente de um devasso e de uma puta estroina
é uma só. A dupla alegra-se com troco,
em ser parafusada, em ser transpenetrada,
em ser bem arrombada, em ser libertinada,
em ser assujeitada, em ser arregaçada,
em ser lubrificada, em ser bem devorada.
Um montador apenas não os satisfaz,
mas sempre têm prazer em esticar um pau
atrás de outro pau do grupo fodedor,
testando varas mais compridas e mais grossas
para cair de boca, vasculhando todo
seu interior, arregaçar pela abertura
o báratro aterrador e avançar
direto até o meio lúbrico do umbigo.
À puta que o pariu com o lascivo em cio
e junto a largianal estirpe dos passivos!
Que as Musas sejam nosso lote e a mente lúcida,
sabendo o quanto do deleite aí reside,
sabendo que esse júbilo jamais é falso,
pois é o prazer que aflora. Não o sabe quem
o prazeroso busca no prazer mais vil.

★   "[...] na plena abstinência, ousa igualmente...
Se o coração te acossa e a pressa te acomete,
em nosso lar há alguém que anseia muito as núpcias.
Refiro-me à donzela bela e vicejante.
De meu ponto de vista, sua beleza é máxima.
Faze da moça tua!" Ao que eu lhe respondi:
"Filha da Ambiguidade, nobre e sensatíssima
senhora, que hoje a terra úmida retém,
muitos prazeres para o moço a deusa dá,
além do ato sacro. Um deles já me basta.
É o relaxamento quando ensombrece...
Nós dois resolveremos com a deusa o caso.
Eu cederei ao que me pedes; muito...
sob a cornija e abaixo dos portais...
não queiras me impedir, amiga. Irei ao verde
jardim. Mas ouve isso: que outro venha a ter
Neóbule! Murchou, tem duas vezes tua
idade, foi-se a flor da virgindade e a graça
que antes possuía, pois a saciedade não...
a fúria fêmea revelou a juventude
em seu limite. Para o inferno essa mulher!
Por causa dessa uma, não serei motivo
de riso dos vizinhos. Quero muito mais
a ti, pois não falseias, nem tens duas caras,
ela é sinuosa, com seu amplo rol de amantes.

Como a proverbial cadela, temo ter
filhos sem vista e prematuros, pela pressa."
Falei. Nas flores que espoucavam reclinei
a moça. Recobri-a com um manto fino,
cingi seu peito com meu braço, enquanto ela,
estática de medo, ícone da cerva...
As mãos desciam cuidadosas pelas coxas,
por onde se mostrava a pele fresca, mágica
no jovem, tateando todo belo corpo,
tocando o pelo loiro, jorro a força branca.

★ Hedonismo do alcion:
um arco de preguiça sobrevoando
o recorte da pedra.

★ Multissaber o da raposa,
a um resume-se o do ouriço:
imensurável.

★   Astucirreflexiva, a mão direita
levava água; a esquerda, o fogo.

★   Nada mais sei, além da enormidade:
a quem me causa um mal, fazer atrocidades.

★   Desejo te enfrentar como o sedento
que vê um copo d'água.

★   Bebendo até cair do vinho cristalino,
vieste sem comparecer com um tostão
e sem convite, como é praxe entre amigos.
Teu ventre te traiu e na vergonha
jogou teu pundonor e teu bom senso.

★   Quem se chateia com as objeções do vil,
tolhe de si o convívio do prazer, Esímedes.

★   As coisas se enfeitiçam com o canto.

★   A de belos cabelos, roga a sua volta
      muito nas fímbrias do oceano cinza espúmeo.

★   Nada remediarei com pranto nem pioro
      nada se a mim concedo júbilo e prazer.

★   Serviu aos filhos a fatal comida:
      áscua de fogo, no entremeio dela.

★   [...] senão que a mim, amigo, a membrirrelaxante
      volição me domina e não estou aí
      para divertimentos ou poesia.

★   Vês onde está o bico do rochedo altivo
hostil e íngreme?
Descanso ali para, mais leve, te enfrentar.

SEMÔNIDES
(Amorgos, ativo em meados do século VII a.C.)

Menino, Zeus, abalador dos alicerces,
omnifeitor, dispõe as coisas como quer.
O homem, em sua efemeridade, sem
engenho, vive como os bichos, ignorando
como o divino lhe definirá o rumo.
Não há quem não se nutra de esperança e fé,
desnecessariamente inquieto. Enquanto alguém
espera um dia, um outro quer que o ano volte.
O ser humano sempre imagina o ano
que se aproxima rico e cheio de alegria.
Mas a velhice ingrata chega antes que ele
alcance o que sonhou. Uma moléstia horrível
domina outro, sem falar de quem na guerra
à terra negra chegue pelas mãos do Hades.
Surpreendido pelo vendaval no mar
e pelo vórtice purpúreo que o fustiga,

não mais podendo resistir, o nauta finda.
Outros entregam o pescoço à corda, frente
à moira amarga, rejeitando a luz do sol.
Males, não falta um só, miríades de agruras
fustigam os mortais e inesperadas dores
e dissabores. Fosse eu levado em conta,
não amaríamos os males, nem o âmago
maltrataríamos o entregando às dores.

★   O deus configurou a mente feminina
de modo ímpar. Vem da porca uma, assaz
peluda. A moradia dela é um lamaçal,
em que ela rola pelo chão, um caos total.
Sem se lavar, a maltrapilha usa o estrume
como um assento enquanto vai ganhando peso.
De uma raposa atroz o deus moldou a outra:
maliciosa sempre, nada do que é ruim
lhe escapa, nem tampouco aquilo que é melhor.
Na ótica de alguns frequentemente é um mal,
na de outros, bem. O humor vulpino muda sempre.
Quanto à cadela, rapidinha, autoparida,
não quer ficar de fora do que há no mundo,
fica de olho em cada canto e, divagando,
late até mesmo para sombra desumana.
Não para, nem se a ameaçam de levar um pau,
nem se o esquentado acerta uma pedrada bem
na fuça, nem se alguém lhe fala de mansinho,
nem quando senta perto de seus convidados.
Sem pausa, permanece ativa com seus guinchos.
Da terra um deus olímpico plasmou a outra,
doada ao homem deformada. É incapaz
de separar o certo do errado. Sabe
de cor apenas um trabalho: encher o bucho.
Quando um eterno manda o inverno rigoroso,

batendo o queixo, arrasta o banco até o fogo.
Tem dupla personalidade a do mar:
um dia é só sorriso e vai toda faceira,
e uma visita elogiaria o bom humor:
"Não há neste universo uma mulher melhor
ou que supere o charme dessa dama súpera."
Mas outro não consegue olhar na sua cara,
quanto mais ficar perto: nervo à flor da pele,
parece uma cadela prenhe arreganhada.
Mulher sem mel, afasta o coração de todos,
idêntica no trato com amigo ou não.
Como o mar tem aspecto normalmente ameno,
é motivo de júbilo entre os marinheiros
no verão; mas frequentemente a fêmea surta
e deixa-se levar por ondas que ribombam.
No que concerne à ira, essa mulher é igual
ao mar, que o pélago é de um jeito a cada instante.
Vem da jumenta a outra, acostumada ao látego,
alguém que só reclama e solta palavrão,
mas ao final se mostra pau pra toda obra.
Come metida num cubículo diutur-
namente, e come mais ao lado do fogão.
Procede igualmente quando o assunto é amor
e aceita como amante quem primeiro venha.
A outra provém da torpe raça mustelídea:

não tem um pingo de beleza nem de encanto,
nada que nos desperte alguma vibração.
Peca por falta de imaginação na cama
e só provoca náusea em nauta que a navegue.
A outra nasce da égua dócil de crineira,
não pega no pesado, que é coisa de escravo;
da mó nem chega perto e na peneira não
encosta, nem faxina faz da casa suja.
Com medo da fuligem, fica muito longe
da lareira. Mas traz seu homem no cabresto.
Todo dia se lava com afinco, duas,
até três vezes, toma banho de perfume,
alisa cuidadosamente a cabeleira
a fim de coroá-la com variadas flores.
Quem vê essa mulher emite dois fiu! fiu!,
mas quem a tem conhece bem o pesadelo,
a menos que esse alguém seja tirano ou rei,
gente que admira muito as fêmeas desse gênero.
Já outra vem da símia. Que ninguém duvide:
esse é o tipo pior que Zeus nos reservou.
É feia pra chuchu e quando vai passear
pela cidade, os homens não contêm o riso:
com seu pescoço curto, anda claudicante;
não tem traseiro, é feita só de pernas. Triste
de quem for dar abraço nessa assombração.

Mas como uma macaca, tem cabeça eclética,
não está nem aí se os outros dela riem.
Como é incapaz de fazer bem, só olha aquilo
e aquilo é o que a alimenta diuturnamente:
"que mal maior praticarei, que ferre alguém?"
Outra deriva de uma abelha: "Que fortuna,
eu a encontrei!" Ninguém por ela tem desdém.
Por causa dela tudo aflora e a vida é rosa.
O esposo a ama e a acompanha até a velhice.
A estirpe que gerou é bela e admirada.
Destaca-se no círculo das outras damas,
e a graça os deuses mandam sempre a seu redor.
Não se sente à vontade quando outras mulheres
abordam tema que só diz respeito ao leito.
De tais mulheres, Zeus concede a graça aos homens.
São multissensatíssimas, são as melhores.
Mas as demais estirpes – Zeus assim decide –,
existem todas e convivem com os homens.
Zeus fez o que é pior para o convívio humano:
mulheres. Se parecem ser de utilidade
a quem as tem, a quem as tem serão danosas.
Aos que com elas conviverem, a jornada
jamais será tranquila em todo comprimento.
A deusa mais hostil, a inquilina odiosa,
a Fome, não conseguirá expulsar de casa,

pois quando um homem crê gozar de bem-estar
no lar, por decisão divina ou graça humana,
armada para a guerra, já vem criticando.
Na casa onde mora uma mulher não há
como hospedar o amigo vindo do estrangeiro.
Aquela que parece ser bem assentada
é a responsável pelo principal desgosto;
e enquanto seu marido está de boca aberta,
vizinhos riem quando a veem metendo o corno.
Cada qual tem costume de louvar a própria
esposa e criticar esposas dos demais.
Não percebemos que nosso destino é idêntico,
pois Zeus configurou o mal maior de todos,
cingindo-o com liame forte e inescapável,
desde o momento em que Hades acolheu heróis
que se enfrentaram duramente por Helena.
[…]

MIMNERMO
(Colofão ou Esmirna, 630-600 a.C.)

Que vida, que prazer, na ausência da áurea Cípris?
Morra, quando me falte ao coração
o amor furtivo, o dom-dulçor, o leito. O ardor
fugaz aflora para a mocidade.
Num átimo se impõe a dor da senescência,
tampouco ao belo poupa: o faz amargo.
O pensamento negativo ronda o espírito,
nem satisfaz mirar o sol que fulge.
A criança o desdenha e a mulher despreza-o.
Pesares da velhice que o deus dá.

★ Folhas que brotam na estação multiflorida
da primavera, quando ao sol vicejam,
gozamos por um tempo breve, tais e quais,
da flor da juventude, sem saber
do bem, do mal divino. As Queres torvas se
perfilam: da velhice horrível uma
é dona, a outra doma a morte. A fruta nova
dura um minuto, quanto o sol no solo
se irradia. Ao desfecho do período, a morte
é preferível a estar vivo. Os males
amiúdam no íntimo, a morada se arruína
e a carestia mais abjeta humilha.
Alguém, na impotência do que almeja – um filho –,
pelos baixios da terra alcança o Hades;
doença mata o coração de alguém, e não
há ser a quem Zeus não conceda horrores.

★ Ao Sol coube cansar-se na extensão do dia,
nem ele nem os seus corcéis conhecem
pausa desde que Aurora dedirrósea sobe
ao céu urano, atrás deixando o oceano.
As ondas ele cruza em leito pluribelo
aurilavrado pelas mãos de Hefesto,
alado, cavo. Dorme sobre as cristas d'água
desde as Hespérides até a Etiópia,
onde o aguardam ágeis carros e cavalos,
até que Aurora, filha da manhã,
chegue, quando o Hiperionida sobe ao coche.

ÁLCMAN
(Esparta, ativo em meados de 620 a.C.)

Hás de receber de mim o presente de uma trípode,
dessas de corpo bojudo,
onde… colocarás;
virgem ainda ao chamusco do fogo,
logo logo a transborda (quase) o sortido de legumes.
Álcman, bom de prato, não o troca por nada,
quando fumega ao declínio do solstício.
Não tem queda por alta-cozinha,
mas o trivial caseiro do simples mortal
o delicia.

★   Não se tratava de um tipo grosseiro
que se sentisse um peixe fora d'água entre os sábios,
nem sua origem tinha a ver com os tessálios,
tampouco pastoreava em Erísica:
pertencia a Sárdis, sublime Sárdis.

★   [...]
Há uma vingança dos deuses.
Feliz é quem entrama a jornada sem prantear,
serenamente.
Eu canto a fulgurância de Ágido,
um sol, eis como a vejo,
e de sua radiância Ágido solicita-nos registro.
Mas nem elogio nem depreciação
a ilustre condutora do coro me faculta.
A meus olhos, ela se destaca como um cavalo
inserido por alguém num rebanho de pécoras,
um desses fortes, bom de pista, de passadas ecoantes,
fantasmagorias de sonhos sob o toldo de um rochedo.
Não te dás conta? É um galopador paflagônio.
Mas a crineira de minha prima Hagesícora
aflora na pureza do ouro.
Prata é seu semblante.

Por que me expressar em linguagem desabrida?
Ei-la: Hagesícora!
A segunda, com porte quase igual ao de Ágido,
correrá, cavalo cítio avesso ao lídio.
Plêiades contra nós, portadoras do véu rumo a Órtria,
no curso da noite ambrosíaca,
símiles à estrela Sírio no seu levante,
combatem.
Nossa púrpura, mesmo considerando sua fartura,
é insuficiente para lhes fazer frente,
nem a serpe que cintila na plenitude de seu ouro,
nem o diadema da Lídia,
gala das moças de olhar violeta,
nem as madeixas de Nanó,
nem tampouco Áreta, ícone das deusas,
nem Tílaques, nem Clesítera,
nem, chegando à moradia de Enesímbrota,
dirás:
"Ah, se Ástafis existisse para mim!
Filila, o que custa um olhar em minha direção?
E Damáreta e Iântemis, a estonteante!"
Mas é Hagesícora quem me obceca.
Hagesícora, ágil tornozelo,
acaso está ausente?
Ladeia Ágido:

seu intuito é louvar nossos festejos.
Mas ao que elas rogam, deuses,
concedei,
pois desfecho e completude
são prerrogativas divinas.
Coreuta, se me for dado exprimir, não passo de uma garota,
uma coruja que no entremeio de uma trave
grita.
Ardo sobretudo por agradar Aótis,
pois que remediou nossas agruras.
Mas, graças a Hagesícora, as garotas se encaminharam
à serenidade erótica.
Como o cavalo norteador
...
Ao capitão, sobretudo a ele, dê-se ouvido no navio.
Num paralelo com as Sereias,
ela não é mais musical,
pois são deusas.
Um coro de onze garotas equipara-se a um de dez.
É de um cisne sua voz, nas correntezas do Xanto.
Quanto prazer no loiro de suas mechas...

★   Os cimos das montanhas dormem e as ravinas,
os vórtices e os istmos,
espécimes serpeantes comedoras
de terra negra,
bestas montesas e a estirpe das abelhas,
monstros no mais profundo mar de púrpura,
dormem espécimes de aves longialadas.

★   Frequentes vezes sobre os cimos íngremes,
quando o festejo multiflâmeo apraz aos numes,
nas mãos um vaso de ouro e a grande copa,
iguais às que os pastores portam,
versavas leite branco de leoa,
no preparo do queijo farto ao Matador-de-Argos…

★   Os membros esmorecem ao transpor-me,
partênias meliecoantes, vozidesejantes!
O martim-pescador quisera ser, que o fosse,
num sobrevôo à flor das ondas rente a alciones,
têmpera inflexível, ave sacra salinopúrpura.

ALCEU
(Mitilene, c. 630-580 a.C.)

Na sala enorme, o bronze ofusca.
Num adorno de luz, lampeja no hipostilo a profusão
 de elmos,
que a Ares se dedicam.
Crinas brancas tremulam das cimeiras,
que a cabeça de heróis engalanam.
O fulgor circunjazente das cnêmides de bronze
oculta os arrebites:
frustram flechas espessas.
Empilham-se no pavimento corseletes de linho recém-
 -tecidos
e égides oblongas.
Não distam lâminas oriundas da Calcídia
e cintos e túnicas.
Eis algo que não se apaga da memória
desde o início de nossa investida...

★   Escapa-me à compreensão o levante dos ventos.
Ondas de ambos os lados
se arredondam,
no centro nos conduz a nave negra,

inquietos (para dizer pouco) com o tamanho
da tempestade.
O abísmeo aguaçal já encobre meio mastro,
a vela, toda ela, coa a luz,
e os rasgos nela são enormes,

enxárcias que se afrouxam...
timões...
os dois pés...

incertos no calabre...
salvo
por um triz.

★ Zeus chove,
tomba do céu a procela,
o rio congela.
Arroja abaixo o vórtice.
Fogo ao fogo sobreposto,
perdulário no preparo do vinho,
no conforto da lã envolve a têmpora.

★ sacralidades... viver o quinhão
de um rústico... um desgraçado, eis o que sou,
onírico do burburinho da ágora
na convocação da assembleia, ó filho de Agesilau,

quando o conselho se aglomera.
O patrimônio que meu pai vislumbrou e o pai de meu pai
até idade provecta numa sociedade de gente
mutuamente destrutiva,
eis algo de que me vejo privado,

refugiando-me nas lonjuras e, igual a Onômacles,
amoitado nesta solitude de lobo
assentei-me
... rixa; pois a rusga contrária...
... não é a melhor opção...

... santuário de numes bem-aventurados
... repisando o negror do solo
... nos encontros que eles mesmos para mim...
moro, sequestrando-me os pés das adversidades,

onde fêmeas lésbias, em disputa pelo prêmio de beldade,
exibem-se em túnicas que se delongam
nas idas e vindas,
envoltas pelo eco divino
do sagrado ulular que anualmente as mulheres...

★ Encharca a pleura de vinho, o astro encerra seu circuito,
a quadra é árdua, a sede dissemina da canícula.
Da pétala, o trilo é doce da cigarra...
aflora o cardo. Tempo de fêmeas lascivas,
de masculinidade flébil: nos joelhos, no couro cabeludo
Sírio arde...

★   Bebamos! A espera da lâmpada, fará algum sentido?
O dia, mede-o um dedo…
As taças de maior portento, amigo, escolhe-as, as que
    faísquem!
Se houve uma dádiva do filho de Semele e Zeus
aos homens, essa foi o vinho, deslembrança da agrura.
Para cada dose de água, duas de vinho,
no transbordo (quase) das taças,
uma cedendo espaço à sucedânea…

★   Haveremos de reparar o quanto antes a carena do barco,
para a busca veloz da garantia do porto.
Ninguém ceda ao langor da hesitação!
Sucesso nada modesto se nos anuncia.
A estafa anterior, eis o que se nos impõe lembrar!
O arroubo prevaleça em cada um de nós,
pois ser frouxo desonraria o heroísmo de ascendentes
que jazem sob a terra.

★   Bebe comigo, Melanipo, até cairmos!
O que te leva a imaginar que a luz do sol
verás de novo pura após cruzar o túrbido
Aqueronte? Não sonhes com enormidades,
pois Sísifo inclusive, o rei da estirpe eólida,
fino conhecedor do ser humano, achou-se
alheio à morte. Embora astuto, duas vezes
transpôs o Aqueronte, que assinou-lhe a sina.
E a pena de levar no dorso a terra negra
Zeus lhe impôs. Nada esperes do que há de vir!
Mais do que nunca, em nossa juventude, a dor,
qualquer que seja a dor que o deus nos dê provar,
devemos suportá-la…

★   É inócuo, Bíquis, entregar o coração à angústia:
a náusea impede nosso avanço.
Remédio melhor não há do que o vinho,
a ebriez que o vinho propicia.

★   Doar a ânima ao revés? Eis algo a evitar,
meu caro Bíquis!
A angústia frustrará o nosso avanço.
A solução das soluções será
sorver o vinho,
de que eles se encarregam...

★   Hebro, rio dos rios, margeando Eno,
deságuas no mar porfírio,
regurgitas solo trácio adentro
...

    ... e donzelas não faltam que te visitem...
    ... e das coxas, em mãos que levitam
    ... imergem no fascínio... tua água
é unguento, tal e qual: divina.

SAFO
(Mitilene, c. 630-580 a.C.)

A morte, para ser franca, é o que me desejo.
Ela me abandonou às lágrimas,

a um caudal de lágrimas, enquanto me dizia:
"Não foi pouco o que ambas sofremos,
Safo. Deixo-te, contrária ao meu coração."

Segue o que lhe respondi:
"Leva o meu adeus! Preserva-me
em tua memória.
Não ignoras o quanto nos preocupamos contigo.

Caso não (te lembres)... permito-me
rememorar...
... o quanto da beleza provamos juntas.

Guirlandas, não faltaram nelas rosas
nem violetas...
... rente a mim depusestes,

tampouco grinaldas, inúmeras delas,
cujas tranças enlaçavam o colo frágil,
flores...

e... com o eflúvio
das flores...
que dignificaria uma rainha, te ungiste,

e na maciez do leito
jovial...
satisfazias tua volúpia...

Santuário não havia
um sequer...
em que não nos fizéssemos presentes,

nem bosque... dança... sonoridades...

★   Há quem alegue que a gala dos cavalariços,
há quem alegue que a infantaria e os navios
são o ápice da beleza sobre a terra que negreja.
Quanto a mim, afirmo ser o que se ama.

Não creio haver dificuldade em fazer-me entender
a toda e qualquer pessoa. Ela, referência
em beleza em todos os quadrantes,
abandonou o consorte, exemplo de excelência,

e navegou até Troia: Helena.
Nem a filha, nem os pais, que lhe eram caros,
ocupavam sua memória,
mas Amor a conduziu por senda paralela...
em sua levitude...

e me trouxe o recordo de Anactória,
ausente de minhas cercanias.

Amaria vislumbrar sua erótica passada,
o fulgor (verdadeira lâmpada!) em seu rosto,
muito mais do que os coches lídios
e seus hoplitas no avanço por terra.

★   A aparição de alguém sentado à tua frente
equivale a de um deus. O prazer que há no som
de tua fala repercute em seu ouvido.

Sorri com o deleite. Não direi que a cena
não desapruma o coração que trago ao peito,
pois um momento em tua presença basta
para calar a sílaba, impotente,

mas rompe-se a língua e a sutileza que há
no fogo logo corre sob a pele,
a vista falha, zunem os ouvidos,

decaem de mim gotículas, tremor me doma,
e o verde de uma planta
não se equipara ao meu, e tânatos
parece que me ronda.

Mas cercear a ousadia é um erro a quem…

★   … O arauto chega…
Ideu… núncio agílimo: "…
… rumor imorredouro… dos quadrantes da Ásia.
Heitor e os sócios trazem a olhiespiralante
da sacra Tebas e, fonte sem tempo, Plácia,
Andrômaca sutil em nave mar adentro,
e numerosos braceletes de ouro, e vestes
de púrpura exalantes, com detalhes furta-
-cor. Não faltavam taças pratas e em marfim."
Falou assim e o pai se ergueu no mesmo instante.
A novidade alcança amigos na cidade.
Iliádicos atrelam mulas em estáveis
carruagens onde sobe o grupo numeroso
de damas e de moças, belos tornozelos.
Jungem corcéis aos carros as filhas de Príamo
num grupo à parte, elas com os outros homens…
solteiros todos eles…

[…]

A doce flauta, a cítara, o trom do crótalo,
misturam-se as sonoridades. Timbre agudo,
donzelas cantam o sagrado. Alteia ao céu
o eco divino…
e pelas vias, quaisquer que fossem,

crateras e taças...
amálgama de arômatas: incenso, cássia
e mirra. Anciãs em júbilo ululavam, homens
em grupo retiniam todos o aprazível
peã na invocação do Arqueiro, ás-na-lira:
hinos louvam Heitor e Andrômaca, divinos.

★   Afrodite imortal, ó tronicintilante,
filha de Zeus, astuciurdidora, rogo:
evita subjugar-me o coração, ó magna,
ao desconforto e à dor,

mas te aproxima, acaso de outra feita
ouvindo minha voz longínqua,
a ela deste ouvido, atrás deixando o sólio
paterno sobre o coche ouro que jungiras,

até aqui. Notáveis estorninhos norteavam-te
no círculo da terra negra,
cerrando as asas tensas,
do urano-céu cortando o éter no entremeio.

Houve presteza na chegada.
Teu rosto imorredouro, venturosa, riu,
querias saber de meu recente sofrimento,
qual o motivo de outra invocação.

O que meu coração em desvario
queria mais? "Ao sobreamor que é o teu,
a quem convenço aceite que a conduzas?
Quem não faz jus a Safo?

Se foge, em breve te persegue.
Diz não ao dom? Será ela a te dar.
Desama? Em breve amará,
mesmo recalcitrante."

Também agora, vem, e tira o peso
do meu sofrer! Que venha a ser
o que é meu coração: tão só querer!
Empenha-te tu mesma, aliada em minha guerra!

★   Acorre a mim de Creta,
    ao templo consagrado, onde se situa
    o aprazível pomar das macieiras.
    O incenso libânio resina os altares.

    Murmúrio de água fria no entrerramo das maçãs,
    e o espaço, as rosas o ensombrecem por inteiro.
    Treme o folhame ao decíduo torpor divino.

    Verdeja o campo onde equinos pastam
    … de corolas… brisas ressopram
    brandas…

    Nessas paragens empunhando…, Cípris,
    em taças de ouro, plena de langor,
    viniescoando o néctar
    no amálgama de júbilos.

★   [...]

Não raro move o pensamento em nossa direção...
Idêntica a uma deusa que se descortina,
teu canto, sobretudo ele a extasiava.

Seu destaque entre as lídias de hoje
reproduz o momento em que, sol posto,
a lua dedirrósea

ofusca as estrelas, todas as demais.
A luz se alastra sobre o mar talásseo
tal qual também por campo multiflóreo.

Orvalho goteja beleza, rosas espoucam,
o cerefólio flébil,
ninfeáceas melivicejantes.

Não se assenhora dos passos que divagam
no recordo do desejo:
Átis, solícita Átis!
A sina morde o coração etéreo...

★   Docimaçã rubesce solitária na ramagem que acima
dos cimos encima,
deslembrada de apanhadores de maçã.
Deslembrada? Seria antes o caso
de impotência de colheita.

★   Quem é a campestre que fascina a lucidez?
Suas vestes deixam claro que é campestre...
Não sabe como leve seus remendos aos tornozelos.

★   O círculo dos astros oculta
novamente
a forma em que a lua luz.

★   A lua se anula, idem as Plêiades.
Aos dias a noite equidista.
Transcorre a hora.
Na solitude, afundo-me no sono.

★   Chegaste.
Em mim eu me acendia.
Enfriaste-me o âmago
flâmeo de querer.

★   Proferiu: "déspota,...
não, invoco a venturosa...
na ausência de hedonismo, furto-me da terra,
presa da volição de sucumbir
e do vislumbre das fímbrias de lótus
umedecidas pelo rocio do Aqueronte...

★   Sem vida, hás de jazer vazia de recordos
no tempo do futuro, todo ele,
tampouco existirás na volição de alguém:
careces de vínculo com as rosas da Piéria.
Divagarás invisível na moradia do Hades,
num revôo entre cadáveres sem-contorno.

★   Quando, sem vida, jazeres,
nenhum registro terás no futuro de alguém,
tampouco perduras em sua volúpia,
estranha que és às rosas da Piéria.
Corpo oco na errância do Hades,
evitarás, etérea, cadáveres vazios de sombra.

★   Tratarei de acomodar os membros do meu corpo
na maciez do acolchoado.

★   Às amigas, neste lapso de tempo,
cantarei apenas temas que as deleitem
em beleza.

★   Na condição de amigo, encontra um leito mais jovial:
careço de arrojo para o convívio contigo,
em minha idade mais avançada.

★   Concedeste-me o esquecimento
ou teu amor por outro é maior do que por mim.

★   Não sei por onde me propague:
duplo
pensamento
há
em mim.

★   Segundo consta, Leda teria encontrado
escondido
um ovo da coloração do jacinto.

★ ... Das sinuosidades violáceas das Musas, crianças, a beleza das dádivas,
... a lira quelônia de som cristal, aos amadores de poesia.

Em mim a pele rija de outrora e não a da velhice dos dias atuais
... tornou-se branco o negro dos cabelos.

Pesa-me o coração, os joelhos não me encaminham, tão ágeis em danças do passado, iguais aos de uma corça.

Não há fadiga para o lamento, mas como proceder?
Ao homem o não envelhecer é uma impossibilidade.

Consta ter havido um tempo em que Aurora, braços róseos, num arroubo de erotismo conduziu Títono aonde a terra termina.

Era a beleza em frescor juvenil. Mas tampouco a ele, da velhice grisalha,
Cronos poupou, a ele que tinha como consorte, no leito, um ser perene.

★ Ninguém sussurre: "Cáraxon voltou,
ele e os navios." Eis algo da sabença
de Zeus e dos demais eternos. Não
remoas esse pensamento,

mas é preciso que eu me apresse à magna
Hera orar em muitas preces. Queira
trazer de volta a embarcação de Cáraxon
ao porto, bem como zarpou,

e nos encontre em gozo de saúde.
De todo o resto os deuses se encarreguem:
Que ao vento colossal suceda logo
jornadas só de calmaria.

Se é o querer do rei do Olimpo, um dâimone
orienta alguém e o tira do perigo,
e a venturança e a múltipla riqueza
passam a ser o seu quinhão.

E quanto a nós? Se Lárico soerguer a testa,
se um dia um homem ele vier a ser,
do imenso peso que atormenta a ânima
num átimo nos livraríamos.

★   Nas cercanias daqui,
nos seja dado celebrar-te, Hera augusta,
no âmbito do aprazível festival,
local de devoção dos basileus atridas

ao fim dos feitos de magnitude
inicialmente em Ílion,
depois no âmbito deste local.
O sendeiro, lhes era impossível encontrá-lo

antes da aproximação de ti, de Zeus,
do filho que inflama a volúpia, de Tione.

Também agora nosso empenho é o fazer
conforme o que era

na pureza. Um número imenso de donzelas
e consortes
reúnem-se no círculo do altar
e mensuram o sacro ulular.
Cada...
ser...
Hera, o seu retorno.

★   Nereidas augustas, seja dado a meu irmão
tornar incólume
e o que deseja seu coração
se perfaça.
Na mesma proporção de seus equívocos anteriores,
dê-se a reparação.
Seja motivo de alegria aos amigos
e de pavor aos inimigos –
nunca exista nem mesmo um para nós.

Reserve à irmã lugar de honor,
ele que foi objeto de tanta agonia
nas mãos de...

ouvindo espoucar o grão de milho
...

... te, desejo...
... o sofrer isso...
... por mim
mesma
isso
eu
sei.

★ … câmara …
… a noiva …
… pés de bela silhueta…
… na urgência …
… de mim …

★ Há eros, Dice, nos cabelos que cingiste
com coroas. Tua mão macia entrama o endro.
As Graças amam mais quem leva a flor do adorno
e, num girar, se afastam das antiguirlandas.

★ Moças, quantas mirem o sol, como rutila,
custa-me crer que haverá uma, uma tão só,
na cronologia do futuro,
que se ombreie numa tal sabedoria…

★   As moças
pleninoctívagofestivas
cantem o teu amor que é único
e a noiva de dobras violáceas.
Tão logo Aurora acorde,
reúne os amigos de tua geração
e então o vislumbre de nosso sono
seja menor
que o vislumbre do rouxinol de clara voz.

★   Não se compara ao teu
o branco
que há no ovo.

★   [...]
A Apolo tranças ouro, prole de Latona
que um dia uniu-se a Zeus de nome altissonante,
aos deuses Ártemis profere a grande jura:
"Por tua cabeça, juro preservar-me virgem
e sem o jugo caçarei pelas montanhas
solitárias. Concede-me, a mim, a graça!"
Falou e a ouve o patriarca dos eternos.
E à donzela do campo, todos denominam
caçadora de cervos. É seu nobre título.
Sequer fazer-lhe o cerco Eros ousa.

★   Minha mãe tinha por hábito contar

que em seu tempo
era sinônimo de beleza trazer as tranças dos cabelos
no laço púrpura.

As coisas eram assim,
mas se o louro dos fios superava a cor da flama…

flores, quase brotos,
no adorno das guirlandas.
De Sardes proveio uma fita que cintila…
… cidades …

Mas falta-me condição de possuir, Cleis, a fita que cintila,
de tê-la para ti, contudo…

… esses memoriais dos Cleanatidas no exílio… arrasados,
horrivelmente arrasados.

★   a terra
multicoroada
furtacoriza.

★   Não tenho o talhe do retro
ruminador.
Meu âmago
não
se pronuncia.

★   Como o jacinto nos cimos
que o pastor repisa,
jaz na leiva a flor porfíria.

★   O pé do porteiro mede algo como sete braças.
Cinco bois na fabricação de suas sandálias.
Dez sapateiros se esfalfaram na empreitada.

★   A quem me execre:
      ventos
      aflições
      o carreguem.

★   De quem és, noivo amigo, um belo ícone?
      De um ramo fléxil és, antes de tudo, o ícone.

★   Para as beldades de vocês
      não há mutação
      em meu pensamento.

★   Vento
      precípite nos cimos entre pinhos
      Eros
      seu símile
      agita em mim o que é o meu espírito.

ESTESÍCORO

(Himera, c. 632-556 a.C.)

   ... com dores da Hidra colirrútila,
   algoz-de-homens.
   Ninguém o vê, silente, quando acerta em cheio
   Gérion, à testa, com o dardo.
   Perfura a carne e a ossatura, como o nume pretendera.
   Encrava o dardo na cabeça.
   Cruor purpúreo maculava a armadura
   e avermelhava os membros.

   Gérion pende a garganta para o lado,
   similar à papoula
   quando o corpo frágil se deturpa
   na perda súbita das folhas...

★   E o Sol hiperionida
desceu à taça toda em ouro
com o intuito de, vastidão oceânica para trás,
deparar-se com o abismo da sacra noite ensombrecida.
Juntar-se-ia à mãe, à magna consorte, à prole que adorava.
Seus pés o conduziram ao bosque umbroso de louros,
a ele, filho de Zeus...

★ "Não somes ao padecer a rudeza das preocupações,
tampouco reveles no que virá
a gravidade das esperanças.
Não há similitude no modo como os eternos
impõem sobre a terra torva
a desavença recorrente entre mortais,
tampouco elos afetivos, contudo acima… a mente dos
    homens
numes pontificam.
Evita o cumprimento absoluto, senhor longiflecheiro,
    Apolo,
do que prevês em tua mântica!
Caso a moira me reserve a visão dos filhos
em mútuo morticídio,
moira que as Moiras entretecem,
o desfecho da morte estígia se me ocorra súbito,
prévio ao vislumbre de multissofridas cenas lacrimais…
filhos no solar sem vida
ou o burgo assujeitado.
Mas ouvi o que profiro, filhos,
pois é o desfecho o que à vista antecipo:
um será dono do paço, morador das cercanias da fontana
    Dirceia;
o outro se distancia com o ouro, todo ele, da pertença
    do pai benquisto,

além da grei,
o que primeiro obtiver, por sorteio,
o quinhão, conforme a Moira o sentencie.
Seria o modo – penso – de evitardes o revés da sina,
segundo aconselhamento do áugure perene,
se o Cronida, a linhagem e a cidadela
de Cadmo, o mandatário,
arrojando os hipermalefícios por tempo delongado...
fixados à estirpe."
Foram as palavras da senhora deslumbrante, plenas de
 gentileza,
sobre a contenda na morada... os filhos,
e, com eles, Tirésias, conhecedor de magnitudes. E eles
 obedeceram.

ÍBICO
(Régio, ativo em 550 a.C.)

Durante a primavera na Cidônia
as macieiras
que o arroio na ribeira irriga,
logradouro do jardim inviolável
das virgens,
e os rebentos da vinha espoucando
à sombra das ramagens das parreiras
afloram,
mas amor não me dá trégua
nessa quadra e nas demais.
Flamejando fulgores abaixo,
o trácio Bóreas,
num arrojo da morada de Cípris,
na desúmida loucura
sombrio
inalterável

sem a nada ceder
do que a mim limita
vigia
o que em minha ânima
é sentido.

★   Nos píncaros das pétalas repousam
cercetas multicores colinquietas,
avipúrpurocultas,
alciones amplivoejantes.

★   Sob o azul-negror das pálpebras,
mais uma vez o langor do olhar de Eros.
Não economiza em charme
ao lançar-me na aporia das redes de Cípris.
Não nego meu tremor à sua investida,
como um corcel campeão sob a trela
senescente (quase)
concede enfim enfrentar coches ágeis na pista.

ANACREONTE
(Teos, ativo em 550 a.C.)

Com o arremesso em mim da bola rubra, Eros
de áureos cabelos novamente me convoca
para o jogo com a moça de sandália cintilante.
Mas ela (quem sabe por ser originária
de Lesbos bem-construída),
meus cabelos (quem sabe por seu brancor)
desdenha
e aos demais abre a boca.

★ Restringi-me a cear o docimel, um naco.
Dei conta de uma ânfora de vinho.
Agora canto à moça sutil que eu amo
tangendo a lira em que Eros ecoa.

★   Portava habitualmente um barrete sórdido,
um gorro de tamanho mínimo,
pingentes de madeira iguais a dados,
uns couros de boi sem curtume grudados às costelas,
asquerosa coberta de escudo nauseabundo.
Do círculo de putas topatudo e de padeiras,
ó rebotalho Artemosão,
dizias "Eureca!" à vida de trambique.
Frequentes vezes punham no cepo seu pescoço,
com não menor frequência pregavam-no à roda,
quando não açoitavam seu costado,
ou faziam, à unha, cabelo e barba.
Ultimamente, o filho de Cici só quer saber de andar
   de coche,
com brincos aurifúlgidos,
sob a sombrinha de marfim elefantino,
uma mocinha, sem tirar nem pôr.

★   Ferreiro, igual a um, Eros me atinge outra vez
com o portento de um martelo
para imergir-me em gélida torrente.

★   De volta do arroio tenho em mãos
em sua inteireza
a luminosidade.

★   Me causa dissabor ouvir alguém que bebe
da taça em que replena o vinho
discorrer sobre guerra e tristes divergências.
Prefiro quem ao dom que luz das Musas
traz Afrodite
rememorando o amor que há no convívio.

★   O grisalho nas têmporas avulta,
a cabeça branqueia,
nada restou do charme que há nos moços;
dentes senis,
Cronos reduz ao mínimo o dulçor da vida.
Não por outro motivo o pranto tão frequente
de pavor ao Tártaro.
Em sua lonjura, o Hades me aturde.
Atroz é a senda que declina
e quem desceu – ninguém duvide –
não há de alguma vez subir.

★   Qual o motivo para olhares de soslaio,
na fuga de mim,
impiedosa égua trácia?
Julgas-me destituído de sagácia?
Não ignoras que, como um ás, te arrojaria a brida,
e, empunhando as rédeas, contornaria o marco derradeiro.
No presente, pasces nas campinas,
exímia em teus saltos de alegria,
na ausência de um cavaleiro hábil
que te galope.

★ Onde a calvície avulta,
era a sombra dos cabelos
entremeados em teu colo esguio.

Na rudeza das mãos perde-se agora o feixe
de fios
negror do pó adentro.

Como não atribuir ao revés o encontro
com o fio da lâmina de um gládio?
Esgota-me a angústia.
Quem fracassou até mesmo pela trácia,
seu poder de ação, em que consistiria?

Pensa amarguras (ouço dizer)
a mulher notável.
À condenação do próprio dâimon
entrega-se, repetindo:

Qual não seria meu júbilo, mãe,
se, de teus braços, me arrojasses
no vórtice voraz...
ao ondular purpúreo...

★ Oferta-nos, menino, a dádiva do vaso!
Só assim será viável o sorvo de um gole.
Cinco taças de vinho para dez de água.
E novamente, desmedindo-me em húbris,
dioniso-me.

★ Eros dominador,
ninfas de olhar azul-cianuro,
Afrodite, deusa púrpura,
partilham do teu jogo,
senhor,
quando circungiras nos cimos altivos.
Enleio-te os joelhos,
e, em tua vinda aprazível,
considera meu rogo não de todo desprezível:
Sê positivo no aconselhamento de Cleóbulo,
tendo em mente meu erotismo,
que ele o aceite,
ó Dioniso!

★   Não me interessa a cornucópia de Amalteia,
tampouco ser o basileu de Tártesso
por meio ou por um século.

★   Mais uma vez escalo a rocha lêucade,
para o mergulho, ébrio de Eros,
na ôndula grisalha.

★   O Olimpo é a meta do meu voo de asas ágeis
no anseio de Eros,
pois de Hebe, a Mocidade, alguém me exclui…

HIPÔNAX
(Éfeso, ativo em meados do século vi a.C.)

Ininterrupta e bovinamente, um deles,
dia após dia, atum ao molho vinagrete
como um eunuco de Lampsaco devorando,
comeu o patrimônio. Então talhava pedra
nos montes, onde mastigava comedidos
figos, pão de cevada: ceia dos escravos.

★   Ó Mimne largianal, não pintes nunca mais
ofídio na murada da trirreme multi-
bancos, que desde a proa alcança o timoneiro,
pois é um sinal de mau augúrio, uma desgraça,
de serviescravidão a quem comanda a nau,
se uma serpente lhe morder o calcanhar.

★   Para mim a Riqueza é uma cega,
jamais bateu em casa e disse: "Hipônax,
venho te dar um saco de dinheiro
e um pouco mais." Possui a alma oca.

★   […]

sob o açoite dos vagalhões,
os trácios altipenteados,
exemplo de solicitude, prendem-no
nu
em Salmidesso,
onde as adversidades são contínuas,
a começar pelo pão da servitude que o nutre,
o queixo tiritando de friúme,
a ele.
Encadeiam-se as algas que regurgita,
quando exsurge da ressaca.
Trinca a dentição
como um cão que jaz de bruços nas fímbrias da orla,
combalido…
Ah! Fora me dado vislumbrar aí
o causador de meus danos,
o pisoteador de juramentos,
o tipo outrora amigo.

SIMÔNIDES
(Ceos, 556-468 a.C.)

Registra-se o raconto:
Areté, a Excelência, habita rochas inalcançáveis,
nas cercanias das deidades.
Pertence-lhe a pureza do espaço.
Aos olhos dos perecíveis, só a alguns se descortina.
Reserva-se a quem não refuga do âmago
o suor que remorde o coração
e alcança os cimos da valentia.

★ Na ausência do prazer,
há vivência desejável entre os perecíveis,
mesmo se se incluem os tiranos?
Em sua ausência, tampouco a temporalidade dos numes
   é invejável.

★ Haverá uma, uma vida humana ao menos
que se deseje, incluindo a do megapoderoso,
na ausência do prazer?
Nem a do deus se inveja, em sua e t e r n i d a d e.

★ Homem que és, nada afirmes da aurora que avizinha,
tampouco, em presença da fortuna de alguém,
digas que ela há de ser.
Mosca longuialada,
nem ela tem metástase tão rápida.

★ [...] quando na arca dedálea
o vento sibilando,
a onda espiralando,
deixaram-na prostrada de paúra.
Gotículas decaem do rosto,
no enlace de Perseu que abraça.
"Revés imenso o meu", lhe diz,

"enquanto, imerso na sonolência,
acomodas teu coração tenrilactante
no lenho sinistro de cavilhas brônzeas,
e lampeja noite adentro
deitado no trevor azul-cianuro.
Não cuidas quando espumeja dos baixios
e na trama dos cabelos a ôndula transpassa,
tampouco do vento que assovia,
o belo rosto envolto
na rubra lã da manta.
Fora terrível para ti o que efetivamente é
às minhas palavras
encobririas teus ouvidos frágeis.

Profiro: adormece, menino!
Adormeça o mar talásseo!
Adormeça o mal de impossível mensura!

A mutação, qualquer que seja, advenha,
Zeus pai, de ti provinda!
Se alguma palavra escapou-me indevida,
contrária ao justo,
releva: não excluas de mim teu pensamento..."

★   Um revoo de aves sobre a cabeça,
um ímpeto de peixes eretos da água negriazul
a seu canto de beleza.

★   Ser efetivamente bom, eis algo difícil
a alguém que nas mãos, nos pés, na mente
é quadrado,
a alguém configurado vazio de senões.

… nem a mim está no tom a sentença de Pítaco,
embora a profira um homem sabedor.
Seu dito: difícil ser magno.
Prêmio circunscrito ao divino,
mas ao homem não há não ser mau,
toda vez que o submeta o revés inescapável,
pois, se em sua ação há o bem, todo homem é bom,
se há o mal, mau…

… pelo que não alguma vez o não ser possível,
em sua busca, eu arrojarei ao oco da expectativa infactível
a moira de minha temporalidade,
o homem todo incriticável, quantos fazemos a colheita
do fruto da terra amplirreceptiva.
Depois de o encontrar, serei para vós o anunciador.
Mas do meu amor e louvor, a ninguém suprimo,
aquele que, por vontade sua,
executa o nada vergonhoso.
Contra o impositivo, nem os deuses armam guerra…

... nem o excessivamente ineficaz,
conhecedor do justo de serventia à cidade,
sadio homem. Tampouco eu o criticarei,
pois é inumerável a geração dos néscios.

As coisas são belas, todas elas. Não há liga
entre elas e o soez.

★   ... e o belo discerne do soez. E se
... alguém denigre, a boca semporta
... circuncarregando, a fumaça inefectiva e o
ouro não impurificado,
... e *alétheia*, o-sem-véu-do-veraz, é todapoder.
Mas a poucos, a excelência o deus doou ter
no desfecho, pois não é ágil ser magno:
sem que o queira, a avidez inelutável o coage,
ou pelo aguilhão da urdidora de ardis de megapoder,
Afrodite...

★ Tampouco quem viveu outrora,
os semideuses, filhos dos deuses altivos,
chegaram à velhice
no desfecho de uma vida
sem dor
sem destruição
sem risco.

Este livro foi impresso na cidade de São Bernardo do Campo,
nas oficinas da Paym Gráfica e Editora, em abril de 2017,
para a Editora Perspectiva.